PÉTITION UNIVERSITAIRE.

MATHIEU MOLÉ,

NOTICE

PAR M. LE COMTE MOLÉ.

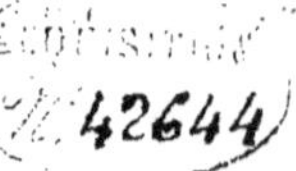

EXTRAIT ET SPÉCIMEN

DU

LIVRE D'HONNEUR DES CENT VILLES DE FRANCE,

ETC.

PARIS,

IMPRIMÉ CHEZ PAUL RENOUARD,

RUE GARANCIÈRE, N. 5.

AVIS.

Le **LIVRE D'HONNEUR DES CENT VILLES DE FRANCE** étant destiné à créer une publicité dont les Départemens étaient privés, j'ai espéré que MM. les Députés accueilleraient avec bienveillance un Spécimen des Notices insérées dans cet Ouvrage, et la Notice sur MATHIEU MOLÉ, bonne lecture en tout temps, m'a paru devoir offrir, dans les circonstances présentes, un intérêt tout particulier.

A. JARRY DE MANCY,

Fondateur

DU LIVRE D'HONNEUR DES CENT VILLES

et de

La Société Montyon et Franklin (Hommes utiles).

PÉTITION

A LA CHAMBRE DES DÉPUTÉS.

FRANCE ET PARIS !

QUESTION D'ÉMULATION ET D'ÉQUITÉ.

Messieurs les députés,

La LOI du 21 mars 1832, sur le RECRUTEMENT DE L'ARMÉE, au Titre II, Article 14 et Paragraphe 6, s'exprime en ces termes : « Seront considérés comme ayant satisfait à l'appel et comptés numériquement en déduction des contingens à fournir (1)... les jeunes gens ayant remporté les GRANDS PRIX de l'INSTITUT et de l'UNIVERSITÉ.... »

Pour les Grands Prix de l'Institut, il n'y a point de difficulté, les concurrens n'étant pas forcés d'habiter Paris ou Versailles, condition qui a été jusqu'à présent indispensable pour les GRANDS PRIX DE L'UNIVERSITÉ : voici comment.

Au siècle dernier, sous Louis XV, un Chanoine de Notre-Dame, natif de la Ville de Rouen, meurt à Paris. Son Testament, qui suscite un long procès (2) et deux Arrêts du Parlement de Paris, dont un est signé MOLÉ, font instituer, pour les Ecoliers de l'Université de Paris, un Concours annuel dont le Grand Prix, celui que l'on proclamait le premier de tous, et qui, pour cela, était dit le PRIX D'HONNEUR, fut, comme de raison, en ce temps-là, exclusivement attribué au *Latin !*

(1) De manière à ne pas faire tort à d'autres Conscrits.

(2) J'ai donné dans le Recueil des HOMMES UTILES (2ᵉ semestre de 1838) et dans le LIVRE D'HONNEUR DES CENT VILLES DE FRANCE, la Notice biographique, avec Portrait, du Chanoine LOUIS LE GENDRE (1655-1734), aux frais de qui fut fondé le Concours général des Collèges de Paris, en l'année 1747.

Aboli en 1793, rétabli en 1801, suspendu en 1815, et, depuis l'an 1816, successivement agrandi, surtout fort enrichi (1), le Concours général de l'Université n'a conféré jusqu'à ce jour les avantages promis par l'Article 14 de la Loi qu'aux seuls Écoliers des deux Villes de Paris et de Versailles, à l'exclusion de ceux de tout le reste de la France.

Il est à remarquer que le PRIX D'HONNEUR DES LETTRES à Paris, encore attribué, comme jadis, au LATIN exclusivement, a déjà perdu, depuis plusieurs années, son privilège antique d'être proclamé le premier, et d'être *Unique*. On a bien fait, sans doute, de créer un autre Prix d'Honneur pour la PHILOSOPHIE, même lorsqu'il fallut, pour gagner ce Prix, disserter EN LATIN, sous la Restauration. Depuis la Révolution de Juillet, on fait la Philosophie EN FRANÇAIS, et récemment l'on a créé, avec non moins de raison, encore un autre Prix d'Honneur, celui des SCIENCES MATHÉMATIQUES.

Ainsi, trois Grands Prix ou Prix d'Honneur, pour Paris et Versailles exclusivement, tel a été le mode d'application de l'Article 14, jusqu'au 16 juillet 1838.

Il y avait quatre-vingt-onze ans que l'on prodiguait les soins et la dépense pour donner de l'Emulation aux jeunes gens de Paris, quand, pour la première fois, un Ministre du Roi a pensé qu'il serait bien aussi d'exciter et d'honorer l'Emulation dans les autres bonnes Villes de France, et que ces Collèges royaux des Départemens, qui ont fourni tant de sujets remarquables, ne devaient pas rester, en fait de récompenses officielles, négligés indéfiniment et comme dédaignés par la centralisation.

A cette date du 16 juillet 1838, M. de Salvandy a ordonné, pour la première fois, et, autant qu'il a été en lui, il aura pour toujours fondé un *Grand Concours de France* entre tous les Collèges royaux français, Paris et Versailles exceptés. Ne pas faire cette exception, eût semblé, pour plusieurs raisons, une sorte de guet-apens scolaire.

Députés de tous les Départemens, Seine et Seine-et-Oise exceptés, vous pourriez vous féliciter de l'ardeur et du talent qu'a déployés cette jeunesse de vos Provinces, qui n'avaient jamais été conviées à de si glorieuses luttes, même du temps de Napoléon.

A la faveur de cette innovation qui est due à M. de Salvandy, il a été décerné aux jeunes gens des Départemens, des Prix d'Honneur, au

(1) J'ai donné l'état comparatif assez curieux des dépenses faites pour cet objet dans l'Ancienne et dans la Nouvelle Université.

nombre de quatre au lieu de trois seulement qui se donnent à Paris.

Les deux Prix d'Honneur de la *Philosophie* et des *Mathématiques* ont été *mérités*, le premier par un Elève du Collège royal d'Orléans (nom de bon augure) et le second par un Elève du Collège royal d'Angers. Un Elève du Collège royal de Bourges et un Elève du Collège royal de Rennes ont mérité aussi *Deux Prix d'Honneur des Lettres*, savoir : le Prix d'Honneur de cette *Langue latine* que l'on ne saurait abandonner sous peine de retourner à la barbarie; mais M. de Salvandy, par une autre innovation, n'a pas hésité à décerner concurremment un autre Prix d'Honneur depuis si long-temps réclamé pour la *Langue française!* Et ne serait-il pas à souhaiter que, pour encourager aux Etudes de notre Histoire nationale, l'*Histoire de France* obtint aussi son Prix d'Honneur? (1)

Quoi qu'il en soit, MM. les Députés, après cet exposé, je crois, dans l'intérêt du Pays et de l'Université, avoir deux demandes à vous adresser.

Premièrement : la Chambre ne trouvera-t-elle pas juste que, à partir de la présente année, les quatre jeunes gens des Départemens, Élèves d'Orléans, Angers, Bourges, Rennes, qui ont mérité les Prix d'Honneur du *Grand Concours de France*, jouissent de tous les droits et exemptions que l'Article 14 de la Loi et les Réglemens universitaires (2) accordent aux jeunes gens qui ont remporté les mêmes Prix dans le *Grand Concours de Paris*, et que, dorénavant, soit à Paris, soit dans les Départemens, la *Langue nationale* et l'*Histoire du Pays* obtiennent aussi leurs Prix d'Honneur.

En second lieu, j'ai dit que les jeunes gens des Départemens avaient *mérité* de grands prix : le fait est qu'ils n'en ont pas réellement reçu. Dans les provinces, faute de savoir comment un Grand-Maître peut se trouver entravé dans les améliorations qu'il essaie, on a pu témoigner quelque surprise quand on a vu arriver de Paris des extraits de procès-verbaux et des listes de Lauréats par ordre de mérite, mais point de livres pour les Prix ! Plusieurs Conseils généraux, qui se trouvaient encore assemblés, ont voté, d'urgence, des fonds extraordinaires pour cet objet. Ne serait-il pas de la dignité du Pays et de l'Université, qu'il fût

---

(1) C'est le nom qui déjà se donne au Premier Prix d'Histoire de France, en Rhétorique. Ce Prix vient d'être remporté, en 1838, au Concours de Paris, par le jeune ALBERT DE BROGLIE, fils du Duc de Broglie et petit-fils de Madame de Staël. Il est à remarquer que c'est à la suite d'une Pétition adressée aux Chambres que les Cours spéciaux d'Histoire ont été fondés par M. ROYER-COLLARD.

(2) Franchise de tous droits d'inscriptions, d'examens et de diplômes de toutes Facultés.

alloué, dès le prochain budget, pour le nouveau *Grand Concours de France*, une somme non inférieure (1) à celle qui est votée, tous les ans, pour le *Grand Concours de Paris ?*

Députés d'Orléans, d'Angers, de Bourges, de Rennes, je réclame particulièrement votre appui, certains que vous seriez d'être aidés et non combattus par vos honorables Collègues, MM. les Députés de Paris et de Versailles.

Le Pays ne peut ignorer que ce Grand Concours de Paris (2) a donné à la France des hommes éminens, entre lesquels, nous surtout, Universitaires, nous aimons à citer, avec deux Ministres du Roi (De Salvandy et De Montalivet), MM. Villemain, Vict. Cousin, Ch. Dupin, De Montebello, De Montalembert et autres Pairs de France ; Saint-Marc-Girardin, Duchatel, Vict. Legrand et autres Députés ; Naudet, Vict. Leclerc, De Jussieu, Casimir Delavigne et autres membres de l'Institut. Mais, nous comptons, avec non moins d'orgueil, parmi les Ecoliers des Provinces : MM. Dupin aîné et Guizot ; trois de mes condisciples, Dubois (de Nantes), Billaudel, Jouffroy ; enfin, Arago et Berryer, Thiers et Lamartine......!

Si la Chambre renvoie, avec une vote favorable, cette pétition aux deux Ministres de l'Intérieur et de l'Instruction publique, en même temps qu'à la Commission du Budget, il n'y aurait pas de doute sur le succès. Il s'agit, comme je l'ai dit, pour la jeunesse de toute la France, d'une question d'*Emulation* et d'*Equité*.

A. JARRY DE MANCY,

Professeur d'Histoire, Fondateur du LIVRE D'HONNEUR DES CENT VILLES DE FRANCE, etc.

Paris, le 17 décembre 1838, rue Pot-de-Fer-Saint-Sulpice, n° 20.

(1) Une partie de cette somme pourrait être affectée à des Prix de Concours des Facultés, dont la Ville de Poitiers vient de donner l'utile exemple et que le gouvernement devrait encourager.

(2) L'organisation actuelle de ce Concours a de grands vices, qu'il faudrait corriger.

IMPRIMÉ CHEZ PAUL RENOUARD, RUE GARANCIÈRE, 5.

MATHIEU MOLÉ.

Il y a plus de charme à écrire la vie privée d'un grand homme que son histoire : on aime à se reposer de l'admiration causée par le héros. L'on se console à-la-fois par le spectacle de ses vertus et par celui de ses faiblesses ; on croit vivre dans sa familiarité, tandis qu'on l'observe de si près. Mais, s'il arrive que l'écrivain descende de celui dont il s'efforce de consacrer la gloire ; si les vertus qu'il peint forment son héritage et lui imposent ainsi de grandes obligations ; enfin, s'il ne peut louer sans qu'il s'humilie : son entreprise alors montre plus de piété qu'elle ne lui promet de douceur, et l'on doit supposer qu'il y a été conduit par le désir d'acquitter une dette plutôt que par l'idée d'amuser son loisir. J'ai donc besoin ici d'une double indulgence ; je souhaite qu'en lisant cet écrit on ne songe qu'au sentiment qui l'a dicté. Sous ce rapport, l'exemple que j'y donne ne sera pas indigne qu'on l'imite ; il pourra servir à ranimer le culte négligé des aïeux : car pendant que Troie était en flammes, peu de gens ont imité le pieux Enée. Pour moi, moins heureux que lui, je n'ai pu sauver mon père, mais je ne me suis jamais séparé de mes dieux domestiques ! (1)

MOLÉ (Mathieu) naquit en 1584 ; il était fils d'Edouard Molé, Procureur-Général au Parlement de Paris pendant la Ligue, dont Henri IV récompensa l'intrépidité et les services par une place de *Président à Mortier* au même Parlement. On n'a point de détails sur les progrès de sa première jeunesse, mais on connaît les circonstances et les exem-

2

ples qui concoururent à la former. Les fureurs de la Ligue environnèrent son enfance; de grandes actions, de grands caractères occupèrent ses premiers regards. Il voyait son père exposer chaque jour sa vie et il apprenait de lui à pratiquer ce courage austère qui se contente de mépriser la mort. Dans sa famille, il était entouré des habitudes qui accompagnent une fortune médiocre, et de cette gravité singulière dont l'excès était peut-être un fruit du malheur des temps. A cette époque, la sagesse, la modération même, n'étaient point exemptes d'enthousiasme : les vertus se montraient aussi exaltées que la dépravation était profonde. C'est ainsi que l'on peut s'expliquer d'avance le contraste que nous aurons lieu d'observer entre le caractère de Mathieu Molé et celui des autres personnages célèbres avec lesquels il a vécu. On trouve entre eux et lui autant de différence, et, si j'ose le dire, de disproportion qu'entre la *Ligue* et la *Fronde*. Nous verrons même que son esprit, préoccupé des impressions qu'il avait reçues et accoutumé de bonne heure à de trop grandes choses, eut quelquefois de la peine à se plier à la petitesse des circonstances et à descendre à la subtilité des intrigues qu'il devait surmonter.

Cependant les troubles civils et les dangers au milieu desquels il vivait n'empêchèrent pas Edouard Molé de donner à son fils l'éducation la plus forte et la plus complète. Tandis que, par son exemple, il lui enseignait à ne pas s'abandonner au malheur et à se préserver de cette sorte de résignation dans laquelle il entre toujours plus de mollesse que de courage, il s'appliquait à orner et à cultiver son esprit. Mathieu Molé, au sortir de ses études possédait les langues grecque et latine, était jurisconsulte éclairé, et paraissait déjà particulièrement versé dans les matières de l'église. Le Parlement le reçut dans son sein aussitôt que son âge le lui permit. Quatre ans après, il devint Président d'une chambre des requêtes, et enfin, au mois de novembre 1614, Edouard Molé ayant résigné la Présidence à mortier entre les mains de Nicolas de Bellièvre, alors Procureur-général, le Roi donna à son fils la charge de ce dernier. Ainsi, Mathieu Molé avait moins de trente ans lorsque Louis XIII lui confia les fonctions peut-être les plus délicates et les plus importantes de la magistrature. Le Cardinal de Richelieu, qui dictait les choix de son maître, savait juger les hommes indépendamment des données ordinaires de l'âge ou de l'expérience. Aucune affection personnelle ne put le faire songer à Molé ; jamais il n'avait favorisé sa famille, et il connaissait assez son caractère pour prévoir l'embarras qu'il pourrait lui causer un jour. Mais ce génie élevé faisait servir au bien de sa patrie jusqu'à ses passions et à ses défauts. Il avait trop de fierté pour craindre personne, et il aimait trop la gloire pour ne pas se plaire à de tels choix. Son attente fut bien remplie et le public ne tarda pas à rendre hommage à son discernement.

On s'étonnait de voir dans un aussi jeune homme une gravité si naturelle, une raison si exercée, une fermeté si sage. On eût loué son intégrité et la pureté de ses mœurs, si ces vertus avaient pu être remarquées dans un magistrat. Il épousa à-peu-près dans ce temps mademoiselle de Nicolaï, fille du Premier Président de la Chambre des Comptes, et il en eut bientôt plusieurs enfans. C'est au milieu de sa nouvelle famille que s'écoulaient ses plus doux loisirs. Cependant il avait contracté en entrant dans le monde des liaisons qu'on ne lui vit rompre que lorsqu'une longue expérience lui en eût appris le danger. L'imagination vive de Mathieu Molé ne pouvait échapper au charme des solitudes de Port-Royal. Son esprit naturellement contemplatif aimait à méditer parmi ces pieux solitaires: il y goûtait, dans une profonde paix, le souvenir des orages qui avaient environné son enfance, et il se laissait entraîner par une morale qui lui paraissait réunir la pureté à l'orthodoxie.

L'Abbé de Saint-Cyran, surtout, avait su lui inspirer une vénération particulière. Ce maître de Jansenius était alors l'oracle de Port-Royal, et l'on pourrait le citer comme le dernier chef de secte connu dont la personne ait excité un véritable enthousiasme. Une science profonde, une dialectique pressante, des austérités incroyables, une imagination tout-à-la-fois grave et ardente, le rendaient réellement propre à prendre de l'empire sur les esprits faits eux-mêmes pour dominer. A Dieu ne plaise, cependant, que je veuille décrier ici les leçons de Port-Royal, puisqu'elles ne firent que développer les grandes qualités de celui dont je dois tant aimer la gloire ! Si j'osais me permettre une comparaison profane, en parlant de ces saints personnages, je dirais seulement qu'ils voulaient élever tous les hommes comme Achille le fut par le Centaure. Les faibles y succombaient, tandis que les forts devenaient entre leurs mains prodigieusement forts. Leur secret, aujourd'hui qu'on l'ignore, effraie d'autant plus qu'on en admire davantage les résultats. On se demande où prenaient leur charme et leur puissance ces hommes pour lesquels il fallait tout quitter, dont les plus grands personnages préféraient la société aux premières dignités, aux plus importantes fonctions; devant lesquels les plus grandes dames allaient pleurer leurs fautes ; qui fixaient la langue ; qui composaient

les meilleurs livres pour la jeunesse ; dont on ne cessera d'admirer les
écrits ; qui possédaient le raisonnement avec la plaisanterie ; qui sa-
vaient plaire autant que dominer ; qui imprimaient enfin à ceux qu'ils
formaient un caractère tellement ineffaçable que, dans la vie de Mathieu
Molé, on reconnaît leur disciple, comme on le retrouve dans Pascal
en lisant ses écrits ?...

  Mais le Cardinal de Richelieu, soit qu'il redoutât l'influence toujours
croissante de l'Abbé de Saint-Cyran, soit qu'il voulût faire cesser le
scandale occasioné par quelques-uns de ses écrits, le fit renfermer au
château de Vincennes. A peine l'ordre qu'il en avait donné fut-il exécuté
qu'il vit arriver chez lui le Procureur-Général pour lui représenter qu'on
avait trop légèrement soupçonné la foi d'un si grand défenseur de l'é-
glise, et que, dans le moment même où on l'avait arrêté, il travaillait à
un ouvrage commencé depuis long-temps, et destiné à réfuter les *Ministres* sur le dogme de la présence réelle. Le Cardinal répondit froidement : « que Saint-Cyran pourrait continuer ce travail en prison. »
Molé ne s'en tint pas là ; partout Richelieu le trouvait sur ses pas. Enfin,
un jour qu'à Saint-Germain il s'en voyait solliciter plus vivement que jamais, il lui saisit le bras avec impatience en s'écriant : « Monsieur Molé
est un honnête homme, mais il est un peu entier. » Affligé, et non rebuté,
Mathieu Molé demanda au Cardinal la liberté de son ami, en offrant
d'être sa caution. Non-seulement il éprouva un refus, mais on com-
mença à instruire le procès de Saint-Cyran, comme hérétique et faux docteur. Molé se hâta de lui faire dire d'avoir grand soin de parapher toutes
les pages de son interrogatoire, et de tirer des lignes depuis le haut des
marges jusqu'en bas : « car, ajouta-t-il, il a affaire à d'étranges gens. »
On se doute bien que ce propos, rapporté au Ministre, n'attira point
au Procureur-Général son affection. Une circonstance plus importante
ne tarda pas à le lui rendre tout-à-fait contraire.

  La Reine-Mère, Marie de Médicis, ne pouvant plus supporter le joug
du Cardinal de Richelieu, crut pouvoir renverser son propre ouvrage,
en se mettant à la tête des ennemis de celui qu'elle avait élevé. Deux
ministres, des généraux, deux Reines, toute la France, conspirèrent
avec le Roi lui-même, dont ils avaient la parole, contre un premier
ministre qu'ils détestaient. Les conjurés ne se crurent obligés ni à
beaucoup de ménagemens ni à un grand secret. Tous les yeux voyaient
se former l'orage, et chacun calculait le moment où il devait éclater.
Mais tant de chances de succès ne firent que des dupes de ceux qui s'y
confièrent, et l'on appela *Journée des Dupes* celle où, par sa pré-

sence d'esprit et son audace, Richelieu triompha de la France et du
Roi. Mathieu Molé, dont l'esprit était enclin à l'ironie, et qui haïssait
le despotisme du Cardinal, ne doutait pas de sa chute, et il avait lancé
contre lui quelques-uns de ces traits qu'on ne pardonne pas. Il était
d'ailleurs le parent et l'ami du Maréchal et du Garde-des-Sceaux De
Marillac. Richelieu le fit comprendre dans la liste de leurs complices.
Un arrêt du conseil l'interdit de ses fonctions, et lui ordonna de com-
paraître en personne. D'abord, il essaya de faire quelque résistance.
Son substitut, Franchot, fit des remontrances à la Chambre des Vaca-
tions; mais l'opposition de M. de Bellièvre, qui présidait, les rendit vai
nes. Il partit pour Fontainebleau, où était la cour. Aussitôt qu'il parut
dans le conseil, les préventions s'évanouirent, et il ne recueillit de tous
côtés que des marques de déférence et d'estime. «Sa gravité naturelle
(dit Talon qui ne l'aimait pas), dont il ne rabattit rien dans cette circonstance, lui fit obtenir sur-le-champ arrêt de décharge.» Et il vint
reprendre ses fonctions.

C'est vers cette époque qu'on eut lieu d'observer le changement qui
s'opéra dans ses manières. Son extérieur sévère, qui éloignait quelquefois, ne faisait plus qu'en imposer. On le voyait attacher moins de prix
à conserver toutes les formes de ses vertus ; son langage surtout avait
changé de caractère, et il paraissait plus occupé du bien qu'il pouvait
faire que des principes qu'il devait professer. La jeunesse vertueuse
mûrit tard : il ne faut pas s'étonner si Mathieu Molé ne connut pas de
bonne heure cette modération qui rend toutes les vertus utiles. Lorsqu'il
la posséda, il n'eut plus rien à recevoir de l'expérience ou du temps :
le Cardinal de Richelieu semblait l'attendre. Quoiqu'il eût été quelquefois l'objet de ses railleries, et qu'il ne l'eût pas toujours trouvé docile à
ses volontés, il l'avait compté parmi les hommes qui devaient ajouter
à la grandeur de la France, et par conséquent à sa propre gloire. Aussi,
dès qu'il l'en crut digne, il le nomma *Premier Président* (1640). Le
même jour, Molé perdit sa femme, qui le laissait père de dix enfans.
Le chagrin qu'il en eut le força à suspendre l'exercice de ses nouvelles
fonctions. Puis, il trouva dans ces fonctions mêmes un remède contre sa
douleur. La mort du Cardinal de Richelieu, arrivée deux ans après,
vint lui rendre l'espoir de faire sortir de prison l'Abbé de Saint-Cyran.
Il s'empressa de demander sa liberté au Roi, qui la lui accorda, en
ajoutant qu'il attendrait quelques mois, afin de ne point paraître ré-
parer une injustice de son ministre. Au sortir de Vincennes, Saint-Cyran
courut chez son ami, qui le reçut avec une tendresse mêlée de respect.

Il lui annonça qu'il allait travailler sans relâche à son grand ouvrage. Aussitôt, Mathieu Molé offrit de subvenir aux frais de copie et d'impression, et Saint-Cyran, accepta mille écus pour cet objet. Depuis plusieurs années, Molé n'était plus que l'ami de Saint-Cyran. Il aimait sa personne, il admirait ses vertus, mais il avait cessé de partager toute sa doctrine. Il s'était même éloigné de Port-Royal comme d'un séjour dont il redoutait la séduction, et l'on peut dire que c'est l'exemple de l'avocat Le Maître qui lui avait appris à la craindre. Le Maître, disciple aussi de l'Abbé de Saint-Cyran, passait parmi les solitaires tous les loisirs que lui laissaient ses fonctions. Ayant été très jeune reçu avocat, il avait acquis par son éloquence une telle réputation que le Cardinal de Richelieu voulut signaler au public cette belle espérance de la magistrature. Il lui donna à l'âge de vingt-huit ans le brevet et la pension de conseiller d'état. Tout d'un coup, Le Maître prend la résolution de vendre ses biens pour les distribuer aux pauvres, de se démettre de ses emplois pour se précipiter dans la retraite, et Saint-Cyran se chargea d'aller apprendre à Molé qu'il a perdu l'un de ses émules. Le Procureur-Général ne put recevoir cette nouvelle sans émotion; il s'écria : « mais de quoi vivra-t-il? » L'Abbé de Saint-Cyran, enfonçant fièrement son chapeau qu'il avait toujours sur sa tête, et le regardant fixement d'un air sévère : « Et moi, lui répondit-il, de quoi ai-je vécu depuis vingt ans que je suis à Paris? » De ce moment, Mathieu Molé ne regarda plus comme sans danger des sentimens qui pouvaient devenir si contraires aux intérêts de la société. Mais son amitié et sa vénération pour la personne de l'Abbé de Saint-Cyran n'en furent jamais altérées, et lorsque, plusieurs années après, Saint-Cyran devint encore suspect à la Régente, Molé voulut en répondre, comme il en avait répondu au feu Roi.

Louis XIII suivit de près son ministre dans la tombe. Avant de mourir, il avait fait enregistrer au Parlement une déclaration qui renfermait ses dernières volontés, et que Mathieu Molé avait rédigée tout entière. Cette déclaration, en laissant la Régence à la Reine, nommait un Conseil souverain, qui avait pour chef le Prince de Condé, et dont elle ne pouvait changer les membres. Mais Louis XIII mort, son testament fut cassé par le Parlement, qui rendit à Anne d'Autriche l'autorité de son titre. Aussitôt les exilés revinrent, et les prisons s'ouvrirent: Richelieu avait rendu désormais impossibles les désordres que le règne de Henri IV avait seulement fait oublier. Le don de ce génie était la force, et c'est toujours l'ordre que la force produit. Aussi, dans la monarchie française, avait-il mis chaque chose à sa place, comme dans l'Europe il avait replacé chaque état à son rang. Par lui, cette haute noblesse, rivale de son maître, ne forma plus que sa cour. Les grands, aspirant tous à la faveur du prince, se la disputaient entre eux ; au lieu d'entretenir des partis dans la nation, ils formaient des cabales autour de lui, lorsque la minorité de Louis XIV vint ouvrir un nouveau champ à d'anciennes espérances, et ranimer toutes les ambitions.

L'agitation fut d'autant plus vive qu'on avait été plus long-temps contenu. Les mœurs, de sérieuses et réservées qu'elles étaient, devinrent tout d'un coup libres et légères : le génie de Mazarin semblait répandre autour de lui l'intrigue, comme celui de Richelieu inspirait les complots. Les hommes paraissaient livrés, avec l'Etat, au gouvernement des femmes. A la place de la Chevalerie, de cette ancienne religion de l'honneur et de l'amour, on ne voyait partout que le plaisir et le courage. La nation avait tellement changé de physionomie et d'aspect qu'on eût dit qu'il s'était écoulé plus d'un siècle depuis la fin de la *Ligue*. Un seul homme retraçait le souvenir et les caractères de cette grande époque : Mathieu Molé, né sous Henri III, et formé par les leçons d'Edouard Molé son père, avait conservé au milieu de cette génération brillante, frivole et licencieuse, ces mœurs graves, ce tour d'esprit et de langage que donne le spectacle des grands évènemens, joint à l'expérience du malheur. D'ailleurs, les convenances rigoureuses qui accompagnaient alors la profession de la magistrature en faisaient comme un sanctuaire où le souffle du siècle ne pénétrait pas. Nous avons vu que c'était à Port-Royal qu'il allait chercher les délassemens de sa jeunesse, dans ces asiles, où semblait respirer encore le génie de la *Ligue pacifiée*. Il resta donc étranger au mouvement général jusqu'à ce que, ce mouvement gagnant sa compagnie, il se trouva malgré lui placé sur la scène, et fut forcé d'y jouer un des rôles les plus importans.

Les dépenses de la guerre d'Espagne et les prodigalités de la Cour avaient épuisé le trésor. La Reine, ou plutôt son ministre, dans le besoin qu'ils avaient d'argent, eurent l'imprudence de s'attaquer aux grandes compagnies, et de vouloir faire peser sur elles les édits bursaux. Aussitôt, le Grand Conseil, la Cour des Aides, la Chambre des Comptes, portèrent leurs plaintes au Parlement, et lui demandèrent de les protéger contre la Cour. Le 13 mai 1648, on rendit le fameux *Arrêt d'Union*, portant que deux Conseillers de chaque Chambre du Parlement seraient chargés de conférer avec les députés des autres compagnies, et qu'ils feraient leur rapport aux chambres assemblées, qui ordonneraient ensuite ce qui conviendrait. Les réunions eurent lieu dans la

Chambre de Saint-Louis, malgré les efforts de la Régente pour les empêcher. Enhardis par le succès de leur résistance, les députés s'immiscèrent bientôt dans les affaires de l'état. L'opinion favorisait leurs entreprises ; la faiblesse d'Anne d'Autriche et les hésitations de Mazarin les encourageaient. Le Parlement s'imagina qu'il allait gouverner. Pour modérateur, il n'avait que son chef, tandis qu'il était secrètement poussé par les hommes les plus considérables dans l'Etat. Tout au commencement de la Régence, il s'était formé autour de la Reine un cabale qu'on appelait des *Importans*, à cause de l'espèce de morgue qu'ils tiraient de leur crédit, et que portait au dernier point son chef, le Duc de Beaufort. Elle s'était long-temps disputé, avec le Cardinal Mazarin, l'empire que ce dernier conserva sur l'esprit de la Régente. Du fond des exils où ils étaient dispersés, les Importans excitaient le Parlement, imploraient son appui et lui offraient leurs services. La gravité des magistrats ne put résister au plaisir de compter de tels cliens. Ils s'entendaient appeler *Pères de la Patrie* par les princes, la noblesse et le peuple. Tous les prenaient pour arbitres, et chacun leur confiait son destin. La foule des jeunes conseillers, charmée d'abandonner l'aridité de ses études et la monotonie de ses fonctions, se livra avec passion à une vie oisive et agitée, qui flattait à-la-fois sa paresse et son ambition. Déjà, ces beaux jours de la Régence chantés par nos poètes étaient écoulés. Le Parlement devint le foyer de toutes les intrigues. Le petit nombre de ceux qui y soutenaient le parti de la cour reçut le nom de *Mazarins*. Leurs adversaires prirent celui de *Frondeurs,* et dans cette guerre de sobriquets et d'épigrammes, où l'on fit tant d'usage du ridicule, Mathieu Molé était appelé la *Grande-Barbe,* à cause de la longue barbe qu'il portait.

Les disputes du Jansénisme se mêlaient à tous ces mouvemens. Le livre du jésuite Ayreau et celui du docteur Arnauld partageaient alors les évêques de la France. Le Recteur de l'Université ayant rendu plainte contre le premier au Parlement, celui-ci le condamna ; mais le Chancelier Séguier, qui protégeait les Jésuites, fit mander la compagnie par la Reine, et lui dit en son nom qu'elle n'avait point à se mêler de cette affaire, qu'il avait été défendu aux Jésuites d'enseigner la doctrine du père Ayreau, et qu'Arnauld serait envoyé à Rome pour y faire examiner son livre. Mathieu Molé, jaloux défenseur des priviléges de l'église de France, répondit : « que sans doute on n'ignorait pas l'obligation imposée aux Papes par les Concordats de donner aux Français des juges en France, et que, quoique M. Arnauld se rendit à Rome par l'ordre de la Reine, et non sur un mandement du Pape, le saint-siège pourrait bien arguer de cet exemple et en abuser un jour. » Le zèle du Premier Président était encore échauffé dans cette circonstance par son amitié pour M. Arnauld et l'admiration qu'il ressentait pour ses ouvrages.

Cependant les assemblées de la Chambre de Saint-Louis continuaient. Le Premier Président avait tenu tête pendant trois jours aux clameurs des Enquêtes, qui furent plusieurs fois sur le point d'en venir aux voies de fait contre sa personne. La conduite de la cour ne l'embarrassait pas moins. Sans constance dans ses résolutions, sans suite dans ses projets, Anne d'Autriche manquait sans cesse à ceux qui voulaient la servir. Elle portait le caprice de son sexe dans la violence, et si quelquefois elle commençait à sévir, bientôt elle abandonnait tout, comme épouvantée de ce qu'elle avait entrepris. C'est ainsi qu'on la vit embarrassée de la personne du Président Barillon après qu'elle l'eût fait enlever, et se trouver trop heureuse que le Parlement le lui redemandât. Mathieu Molé qui portait la parole dans cette circonstance, dit : que l'ordre public ne permettait pas que, sur de simples soupçons, un officier du roi, ni qui que ce fût, pût être emprisonné autrement que par les voies publiques qui instruisent les juges de la vérité. »

Au lieu d'être secondé dans sa compagnie, le Premier Président n'y voyait personne à qui il pût se confier. La Reine ne le dédommageait pas de cet abandon, et loin d'apprécier ses lumières, elle le consultait rarement. Elle semblait s'en servir comme d'un bouclier, ou l'opposer comme un roc inébranlable (1) aux fureurs que son ministre avait excitées. Les magistrats capables d'être jaloux d'un rôle si pénible et si glorieux lui portaient une secrète envie. C'est à ce titre que De Mesmes et Talon étaient ses ennemis. Talon avait été son ami dans sa première jeunesse ; mais bientôt leurs opinions différentes les avaient divisés. Moins âgé et moins accessible aux leçons de l'expérience, Talon ne respirait que cet amour de l'indépendance et ces maximes républicaines dont Mathieu Molé avait connu de si bonne heure toute la vanité. D'ailleurs, la nature ne les avait pas formés l'un pour l'autre. La vertu de Talon était aussi exaltée que celle de Molé

(1) La devise de MATHIEU MOLÉ est représentée dans la belle gravure de son portrait en pied. Un rocher, au milieu d'une mer agitée par une tempête furieuse, est surmonté de ces mots : « STAT MOLE IMMOTUS. »   (A. J. DE M.)

était solide. Il recherchait les sacrifices avec autant d'enthousiasme que Molé employait de modération à les attendre. Un seul mot les explique : Talon aimait par dessus tout la gloire; Molé lui préférait ses devoirs. Talon calomnia plus d'une fois dans son cœur celui qu'il avait aimé. Peut-être son esprit fut-il seul coupable ; car c'est la faiblesse des esprits supérieurs d'attribuer à l'intérêt les opinions qu'on ne partage pas. Au reste , Mathieu Molé fut le héros par excellence de l'amour de l'ordre et du devoir : c'est au maintien de l'ordre, au parfait accomplissement de ses devoirs qu'il dévoua modestement sa vie. On y voit ces vertus dédaignées du vulgaire le conduire presque à son insu à une renommée éclatante, et valoir à celui qui ne croyait être que juste et sage d'être comparé par ses ennemis aux hommes les plus brillans de son siècle, à Gustave , au grand Condé. Cependant, malgré l'injustice et l'envie dont il était entouré, Molé ne professait d'éloignement que pour la personne du Chancelier (1); mais il avait pour lui un mépris qu'il ne pouvait contenir : jamais il n'en supportait rien. Dans un lit de justice, le Chancelier l'ayant interrompu lorsqu'il parlait, il l'apostropha fièrement, en lui déclarant que nul n'avait le droit de l'interrompre lorsqu'il avait l'honneur d'adresser la parole au Roi. Fatigué cependant de tant d'épreuves, et sa santé étant altérée par le travail, il obtint un congé de la Reine pour aller prendre les eaux.

A son retour, il trouva l'agitation à son comble, et il reconnut les approches de la crise que l'on préparait. Les lits de justice se répétaient sans cesse et perdaient par là tout leur effet. Le peuple, en voyant les cours souveraines se réunir pour défendre ses intérêts, avait conçu les plus folles espérances. Il s'était flatté de voir disparaître tout d'un coup les impôts dont il se plaignait. De son côté, le Parlement se trouvait déconcerté par la faiblesse même d'Anne d'Autriche, qui lui accordait tout, tandis qu'il ne pouvait se contenter de rien. Engagé vis-à-vis du peuple, il y allait de sa sûreté de prolonger la querelle ; car il ne pouvait, avec quelque ombre de raison, demander à la Reine de réaliser le vain espoir de la multitude, et il n'était plus en son pouvoir d'apaiser ni de faire rentrer dans l'ordre les esprits qu'il avait soulevés. Cependant, personne n'acquittait les impôts, dans l'attente du parti que les compagnies devaient prendre, et les choses en vinrent au

____

(1) Charles de L'AUBESPINE , marquis de CHATEAUNEUF , né en 1580 et mort en 1643, *« chargé d'années et d'intrigues »* a dit Madame de Motteville.   (A. J. DE M.)

point que, faute de cent mille livres, l'armée de Flandre, après la bataille de Lens, ne put poursuivre ses succès ; que l'armée d'Alle-
magne, commandée par Turenne, se débanda ; que les Catalans voulurent se révolter parce que les Français, manquant d'argent, vivaient
à discrétion sur leur territoire, et que le siège de Crémone fut levé.

Il ne fallait plus qu'une étincelle pour allumer l'incendie. Un chef
parut, et la révolte éclata. Un homme singulier et qui sembla imprimer
aux évènemens le caractère et la mesure de son génie, en prit alors ou-
vertement la conduite. Il avait en partage tous les dons de la fortune,
et réunissait mille qualités brillantes que bornait toujours un] défaut
absolu de grandeur. Né dans un haut rang, il était doué en aventurier.
Il portait l'habit d'un prêtre, et montrait l'audace d'un partisan. Galant
auprès des femmes, dont il était aimé, malgré son extrême laideur,
et dévot aux yeux du peuple dont il était respecté, malgré ses mœurs ;
esprit qui ne manqua que d'élévation pour aller au grand ; ayant plus
d'intrigue que de génie, d'entreprise que de vues ; recherchant les
embarras et même le péril, n'aimant de l'ambition que le jeu, croyant
faire par ambition tout ce que lui inspirait son besoin d'émotion et sa
passion pour le mouvement. Tel était ce fameux Coadjuteur de Paris,
depuis Cardinal de Retz, noble ennemi de Mathieu Molé, et qui lui rend
dans ses Mémoires une justice si généreuse. Il faut admirer l'art ou plutôt
le dessein avec lequel la providence distribue les rôles, oppose les caractères pour les fins qu'elle se propose. Ici, la minorité de Louis XIV
occasionait ces troubles ; Mazarin en fournissait le prétexte, le Coadjuteur les excitait, et Mathieu Molé était appelé à les contenir. Placé
à la tête d'une compagnie dans le sein de laquelle le Coadjuteur avait
établi le foyer de ses intrigues, ces deux hommes se trouvaient dans
une opposition constante, et ils étaient bien doués pour les personnages
qu'ils avaient à remplir. Molé, avec sa haute stature, son visage noble
et calme, sa façon grave, son langage concis et plein de dignité, en
imposait autant que son adversaire pouvait séduire. Observateur
aussi délié qu'un intrigant peut être habile, il pénétrait le mystère de
toutes les intrigues avec autant de finesse que le Coadjuteur mettait
d'art à les former. Cependant, sa pénétration surpassait de beaucoup
son adresse, et, s'il savait tout expliquer, il était loin de savoir
tout prévenir. L'élévation et la force dominaient dans son esprit comme
dans son caractère, et le pouvoir qu'il prenait sur les hommes n'était
pas assez accompagné de séduction. C'est ainsi qu'on le voyait chaque
jour dompter la fureur du peuple par sa seule présence, ou arrêter

les entreprises de sa compagnie , sans qu'il pût jamais inspirer à l'un ou à l'autre un sentiment ou un projet. Le Coadjuteur redoutait surtout les effets de son éloquence , de laquelle il s'était senti lui-même quelquefois touché. Mathieu Molé était le seul homme de son temps qui dédaignât cette érudition et ces figures dont on faisait alors un si grand abus. Il parlait en peu de paroles , mais fortes et vives, qui ébranlaient l'imagination et saisissaient le cœur. Pour peu que le sujet le souffrît, il devenait pathétique, mêlant la patrie et l'honneur à tous ses discours. Une sorte d'incorrection ajoutait au naturel de ses tours, et il trouvait, en s'échauffant, des expressions si mâles et si vives, qu'elles devenaient pour ainsi dire inévitables, et que ceux qui l'entendaient étaient comme forcés de se rendre ou de rougir.

Le moment était venu où le Coadjuteur voulait que le Parlement portât les choses à l'extrême ; mais la nouvelle de la bataille de Lens vint le contrarier dans ses projets. La Cour en prit autant de confiance qu'elle en aurait tiré d'avantages, si Mazarin avait su profiter de ces succès. Les factieux perdent toujours de leur pouvoir sur l'esprit des peuples lorsque l'armée triomphe. Les chefs de la Fronde, qui s'en aperçurent, dissimulèrent au lieu d'éclater ; et Mazarin, qui les voyait calmes, les croyant vaincus, crut aussi qu'il ne lui restait qu'à punir. En conséquence il fait chanter un *Te Deum* à Notre-Dame (26 août 1648) ; le Roi, la Reine, le Parlement tout entier vont remercier Dieu de la victoire. A peine le Roi est-il sorti de l'église que des gardes se présentent avec l'ordre d'arrêter les présidens Blancménil, Charton, et le conseiller Broussel. Aussitôt, on court aux armes, on crie, on se précipite, tout est confondu. Le Coadjuteur est partout, conservant encore le pouvoir d'exciter après qu'il a perdu celui de contenir. Le Parlement se réunit dans le lieu de ses séances ; une populace furieuse l'environne , et lui enjoint d'aller demander à la Reine la liberté des magistrats. Mathieu Molé était sur son siège, et présidait l'assemblée : sa figure n'annonçait aucune émotion. Il croit devoir se prêter au mouvement, dans l'espoir de le diriger, et part pour le Louvre à la tête de sa compagnie. Les barricades s'étaient renouvelées dans Paris comme pendant la Ligue. On en comptait douze cent soixante à dix heures du matin. Elles tombent toutes devant le Parlement, qui s'avance aux cris de *Vive le Coadjuteur ! Point de Mazarin ! Liberté à Broussel !* Arrivé au Louvre, le Premier Président peignit à la Reine, en termes énergiques, la situation de Paris. Elle l'interrompit, en disant : « Je sais qu'il y a du bruit dans la ville, mais vous m'en répondrez, Messieurs du

Parlement; vous, vos femmes et vos enfans. » En même temps, elle
entra dans son cabinet; le Premier Président l'y suivit avec plusieurs
magistrats, et comme il en sortait sans avoir rien obtenu, le Cardinal
Mazarin vint lui annoncer qu'on rendrait les prisonniers si le Parlement
voulait promettre de ne plus s'assembler. Mathieu Molé répliqua que
le peuple croirait qu'ils avaient été forcés s'ils prenaient dans le palais
de la Reine aucun engagement, et qu'ils allaient se retirer dans le lieu
ordinaire de leurs séances pour en délibérer. Au retour du Parlement,
les barricades s'ouvrirent encore; mais le peuple, morne et furieux,
le menaçait par son silence, où semblaient déjà retentir des cris de
mort. A peine le cortège touche-t-il à la troisième barricade que les
hurlemens se font entendre. Cent soixante magistrats sont sur le point
d'être massacrés. Cinq Présidens à Mortier, plus de vingt Conseillers,
jettent dans la foule les marques de leur dignité, et cherchent leur salut
dans la fuite. Alors un marchand de fer, nommé Raguenet, s'avance, et
appuyant son pistolet sur le front du Premier Président : « Tourne, traî-
tre, lui dit-il, et si tu ne veux être massacré toi-même, ramène-nous
Broussel, ou le Mazarin et le Chancelier en otage. » « Le Premier Président (dit le Cardinal de Retz), le plus intrépide homme à mon sens
qui ait paru dans son siècle », demeura ferme et inébranlable. Il se
donna le temps de rallier ce qu'il put de sa compagnie, il conserva toujours la dignité de la magistrature, et dans ses paroles et dans ses dé-
marches. Il revint au Palais-Royal au petit pas, dans le feu des injures,
des exécrations et des blasphèmes. Il était naturellement si hardi qu'il
ne parlait jamais si bien que dans le péril. Il se surpassa lui-même dans
cette circonstance, et il est certain qu'il toucha tout le monde, à la ré-
serve de la Reine. » Enfin le Parlement promit de suspendre ses assemblées, et il sortit, ayant devant lui les carosses du Roi qui allaient chercher les prisonniers.

Cependant quelques jours après, Mazarin, qui n'était pas revenu de
sa frayeur, fit sortir la Cour de Paris, pendant la nuit, et le Roi écrivit
au Prévôt des Marchands qu'il abandonnait sa capitale, à cause des in-
telligences de quelques membres du Parlement avec les ennemis de
l'Etat. En effet, les chefs de la Fronde avaient écrit au comte de Fuen-
sendalgne pour s'assurer du secours de l'armée espagnole dans le cas où
ils en auraient besoin. Le Parlement reçut des lettres-patentes qui le
transféraient à Montargis; mais, au lieu d'obéir, il déclara le Cardinal
perturbateur du repos public, et lui enjoignit de sortir dans huit jours
du royaume. Les assemblées devenaient de plus en plus tumultueuses.

On voyait les généraux de la Fronde, tout couverts de poussière, venir siéger en armes parmi les magistrats. Sous le vêtement de ces derniers, on apercevait souvent une épée qui décelait leur crainte ou qui trahissait leurs desseins. Le Coadjuteur, suivi d'un cortège ressemblant à une armée, y traînait après lui une multitude qui s'obstinait à le considérer comme son pasteur. Il semblait à son gré retenir ou exciter la tempête. Tous les jours, il essayait d'effrayer le Premier Président par les menaces du peuple qui remplissait les avenues du palais ; et tous les jours le sang-froid et l'intrépidité de ce dernier le déconcertaient davantage. « Si ce n'était pas un blasphème (écrit-il dans ses Mémoires) de dire qu'il y a quelqu'un dans notre siècle de plus brave que le grand Gustave et M. le Prince, je dirais que c'est M. Molé. » Le rôle de Mathieu Molé était extrêmement difficile. Obligé de ménager souvent sa compagnie pour conserver sur elle quelque pouvoir, il était réduit à composer sans cesse avec ses principes, afin de mieux servir, et l'Etat et la Cour ; tantôt écartant des poignards en paraissant ne pas les craindre, tantôt répondant aux invectives et aux injures par une raillerie fine qui en triomphait, tantôt en imposant par sa gravité, ou réveillant à propos les sentimens généreux par un mot heureux ou un trait d'éloquence. La gloire et la vertu ont sans doute un grand charme puisqu'il n'y a point d'époques si corrompues où l'on ne rencontre quelques hommes qui se dévouent à les servir. Peut-être aussi existe-t-il des esprits si profonds et si droits qu'ils sont nécessairement conduits par la vérité et la vertu ! Soit donc que Mathieu Molé fût passionné pour la vraie gloire, soit que son esprit habitât les hauteurs inaccessibles où l'on n'a plus que le ciel au-dessus de sa tête et le monde en spectacle à ses pieds : on le voit dans un temps où un prélat, des magistrats, s'abandonnaient d'autant plus impunément à leurs passions que le scandale était effacé par le désordre, choisir et mener une vie toute de sacrifices, sous le fer des assassins ; et, si l'on veut savoir où se reposait quelquefois cette vie si agitée, on trouve que les délassemens en étaient si purs que, pour en apprendre quelque chose, on est obligé d'interroger ses enfans. C'est parmi eux que Mathieu Molé épanchait son âme tout entière, et qu'il recevait enfin quelques consolations. L'aîné, M. de Champlatreux, qui avait été intendant de Champagne, et qui le fut dans la suite de l'armée du Prince de Condé, était alors conseiller au Parlement. Il partageait les dangers et les travaux de son père, et il en était digne. Il l'informait surtout avec soin de tout ce qui se passait dans sa compagnie ; car depuis quelque temps Molé ne la présidait pas. La Cour avait fait des ouvertures d'accommodement aux principaux chefs de la Fronde et le Parlement avait envoyé des députés à Ruel pour traiter de la paix. Le Premier Président était à leur tête, et il conduisait la négociation, tandis que Mazarin s'appliquait à la traîner en longueur, lorsqu'on apprit que les Frondeurs, profitant de l'absence des députés, voulaient les faire révoquer, et dominaient absolument dans les assemblées. A cette nouvelle, Molé ne balança plus ; il signa le traité, et courut où il croyait sa présence le plus nécessaire. Au lieu de changer la forme du gouvernement, comme s'en étaient flattés certains esprits ; au lieu de satisfaire les prétentions personnelles des principaux Frondeurs, le traité, rédigé en vingt-et-un articles, obligeait le Parlement à se rendre à Saint-Germain pour la tenue d'un *Lit de Justice*, et le faisait renoncer aux assemblées de chambre, du moins pour l'année. Il accordait ensuite amnistie à ceux qui avaient pris les armes, et la Reine y faisait espérer qu'elle ramenerait bientôt le Roi à Paris.

Lorsque le Premier Président se rendit au palais pour la première fois, il trouva une telle affluence de bourgeois, de populace, de soldats, qu'il eut de la peine à arriver jusqu'au lieu de l'assemblée des Chambres. A son aspect, il se fit un profond silence. En entrant il prit la parole ; à mesure qu'il avançait dans le compte qu'il avait à rendre, on voyait la consternation et la rage se peindre sur tous les visages. Mais, quand on entendit que Mazarin avait signé le traité, un cri général fit retentir la salle, et fut répété par le peuple dans toutes les enceintes du palais. Les Frondeurs accablaient Mathieu Molé de reproches et d'injures, lorsqu'un horrible bruit se faisant entendre aux portes de la grand'chambre, on vint dire que le peuple menaçait de les enfoncer, si on ne lui livrait sur l'heure le Premier Président. « Son visage, dit le Cardinal de Retz, fut le seul sur lequel il ne parut aucune altération à cette nouvelle. Au contraire, on y voyait quelque chose de surnaturel et de plus grand que la fermeté. « Il prit les voix avec la même liberté d'esprit qu'il l'aurait fait dans les audiences ordinaires, et il prononça du même ton l'arrêt portant que les députés retourneraient à Ruel, pour traiter des prétentions des généraux, et pour obtenir que le Cardinal ne signât point le traité. La fureur du peuple ne faisant que s'irriter davantage, on proposa au Premier Président de sortir par les greffes et de se retirer ainsi chez lui sans être vu. « La Cour, répondit-il, ne se cache jamais. » Le Coadjuteur s'approcha pour le prier du moins de ne pas s'exposer qu'il n'eût eu le temps d'adoucir le peuple. « Eh ! mon bon seigneur, lui répliqua Molé d'un air railleur, dites le bon mot. » Quoiqu'il me témoignât par là, ajoute Gondi, qu'il me regardait comme l'auteur de la sédition, je ne me sentis pourtant en cette occasion touché d'aucun mouvement que de celui qui me fit admirer l'intrépidité de cet homme. Enfin, Mathieu Molé, ne voulant point attendre, sortit de la Grand'Chambre en s'appuyant sur le bras du Coadjuteur. Quand il parut, les cris et les menaces redoublèrent : pour lui, il avait l'air si calme, sa démarche était si paisible et si lente, qu'on eût dit qu'il se promenait seul avec le Coadjuteur. Un bourgeois lui appuya le bout de son mousqueton sur le front, en disant qu'il allait le tuer. Molé sans écarter cette arme et sans détourner la tête, lui dit froidement : « Quand vous m'aurez tué, il ne me faudra que six pieds de terre. » Arrivé chez lui, il se hâta d'écrire à la Reine le résultat de l'assemblée, puis il s'occupa pendant plusieurs jours de voir en particulier les plus ardens de sa compagnie, afin de les adoucir. Ses efforts furent couronnés d'un plein succès ; car, dès le lendemain, le Parlement déclara qu'il acceptait le traité, en se réservant de faire des remontrances sur certains articles, et en demandant des conférences pour régler les intérêts des généraux.

De tous les Frondeurs, le plus mécontent était sans doute le Coadjuteur. Il était le seul qu'on ne put satisfaire, parce qu'il ne souhaitait que la prolongation des troubles, et qu'il n'aimait que la faction. Aussi mettait-il tout en œuvre pour conserver son influence, et en ressaisir la portion qui semblait prête à lui échapper. Le Jeudi-Saint, le Parlement s'étant assemblé pour vérifier le traité de paix, on le vit affecter de prolonger la cérémonie des saintes huiles, qui le retenait à Notre-Dame. Le peuple, inquiet de ne point le voir paraître, le demandait à grands cris, et le Duc de Bouillon lui fit dire publiquement de venir au plus tôt apaiser la sédition par sa présence. Enfin, il arriva. Le Premier Président, en le voyant entrer, lui dit assez haut : « M. le Coadjuteur vient de faire des huiles qui ne sont pas sans salpêtre. »

La fortune semblait se plaire à opposer sans cesse l'un à l'autre ces deux hommes de mœurs et de caractères si différens. Une petite circonstance vint encore le prouver davantage. Madame de Chevreuse, dont le Coadjuteur était fort amoureux, étant revenue sans permission de Bruxelles où elle avait été exilée, reçut l'ordre de sortir de Paris sous vingt-quatre heures. Le Coadjuteur crut avoir besoin, pour la retenir, du Premier Président, et, pour cela, il résolut de lui persuader que l'ordre donné à madame de Chevreuse était une violation manifeste des dernières déclarations sur les lettres de cachet. Il alla d'abord trouver le Duc de Beaufort, pour l'envoyer porter à Molé de premières paroles au nom du parti ; mais le Duc ne voulut jamais se charger de sa commission, et Gondi se vit forcé de la faire lui-même. Il se rendit donc chez Molé, et aussitôt il lui représenta avec beaucoup de chaleur le danger qu'il y aurait pour la Cour à violer aussi promptement les conditions de la paix, lorsque celui-ci, se hâtant de l'interrompre : « C'est assez, mon bon seigneur, lui dit-il ; vous ne voulez pas qu'elle parte, elle ne partira pas ; » puis, s'approchant de son oreille : « elle a les yeux très beaux. » Gondi, déconcerté, se retira ; mais la Duchesse ne partit point.

Cependant, la tranquillité paraissait s'affermir tous les jours. Les chefs de la Fronde, à l'exception du Coadjuteur et du Duc de Beaufort, retournaient à la Cour, et l'on voyait partout les Royalistes et les Frondeurs réunis et confondus. Peu de momens suffirent pour réunir des hommes qui renonçaient à des intrigues plutôt qu'à des partis, qui avaient suivi leurs intérêts plutôt que leurs passions, et qui, au lieu d'opinions, n'avaient eu que des maîtresses. Le génie de Gondi triompha pourtant de cette tendance générale au repos. Il ne se méprit point sur l'indolence et la légèreté qui semblaient affecter tous les esprits. La nature du sien ne le rendant capable d'aucune suite, il n'en exigeait pas de ceux qu'il voulait remuer, et il leur communiquait d'autant mieux tout son mouvement. Il jeta d'abord les yeux sur le Prince de Condé, et à l'aide de la Duchesse de Longueville, il essaya de le brouiller avec la Reine. Mais ce jeune prince paraissant hésiter, et annonçant surtout alors qu'il ne pousserait pas les choses à l'extrême, le Coadjuteur le laissa s'entourer de *Petits-Maîtres*, tandis qu'il s'occupa de renouer les assemblées de Chambres dont il ne pouvait se passer. Depuis long-temps, les rentes de l'Hôtel-de-Ville ne se payaient pas, et les rentiers irrités, avaient nommé douze syndics, pour veiller à la conservation de leurs intérêts. Le Premier Président s'était opposé de tout son pouvoir à cette élection en soutenant que l'assemblée dont elle émanait était illégale, et le peuple avait pris quelque intérêt à ce débat. C'était plus qu'il n'en fallait à Gondi pour agir. Il fait nommer parmi les syndics le célèbre Joly, sa créature dévouée ; il lui ordonne de se faire au bras une blessure, et il aposte un autre de ses gens pour tirer sur Joly un coup de fusil quand il passerait dans la rue. Aussitôt, on répand dans Paris que le Cardinal Mazarin doit faire assassiner tous les syndics. Molé voit se précipiter à l'audience la jeunesse des Enquêtes et une multitude de rentiers. On crie qu'il faut à l'heure même assembler les Chambres. Il répond qu'il s'agit d'une affaire criminelle ordinaire, et qu'elle doit s'instruire selon les formes accoutumées. On le menace ; il résiste, et la discussion est remise au lendemain. Mais un incident changea dans la journée la face des choses, et fit prendre une autre direction au mouvement. Soit hasard, soit dessein, plusieurs coups de feu atteignirent la voiture vide du Prince de Condé, et plusieurs balles la traversèrent. A l'instant, des particuliers déposent qu'ils ont entendu dire qu'on veut assassiner le Prince et la *Grande-Barbe*, et que les auteurs du complot sont le Duc de Beaufort et le Coadjuteur. La Fronde, déconcertée, voit Paris en entier se tourner contre elle, et le nom de *Frondeur* devenir le synonyme d'*Assassin*. La Duchesse de Montbazon, Madame de Chevreuse, tremblantes, conseillent à leurs amans la fuite. Gondi rendu à son génie, et souriant aux embarras qui l'environnent, entraîne le Duc de Beaufort au Parlement. Ils trouvent les chambres assemblées, et ils entendent murmurer autour d'eux les mots de *Conjuration d'Amboise*. Le Premier Président déclare qu'étant parties, ils ne peuvent rester juges, et qu'en conséquence ils doivent se retirer. Le Coadjuteur réplique hardiment qu'ils sont prêts à le faire si le Prince de Condé et le Premier Président qui sont parties comme eux se retirent aussi. Condé reste, en faisant valoir sa qualité de Prince du sang. Pour Molé, quoiqu'il déclare ne se plaindre de personne et vouloir écarter de cette affaire tout ce qui le concerne, on exige qu'il se retire au greffe pendant qu'on délibérera sur la récusation présentée contre lui. Ici, sa constance vint échouer contre l'injustice : c'est la faiblesse des grandes âmes de ne savoir point la supporter. Il vit avec douleur une jeunesse factieuse se venger de l'ascendant que ses vertus lui avaient donné sur elle. Il quitte son siège ; mais, tandis qu'il en descend, ses ennemis aperçoivent enfin dans ses yeux quelques larmes. La pluralité de quatre-vingt-dix-huit voix contre soixante-deux décida qu'il resterait juge ; et le Cardinal de Retz avoue dans ses Mémoires que cette décision était juste, même dans les formes du palais. Le lendemain, lorsqu'il ouvrit l'assemblée, on remarquait encore en lui un reste de tristesse, qui se mêlait à sa gravité. Mais à peine était-on assis que le Président La Grange demanda qu'on mît en liberté un nommé Bélot arrêté sans qu'il eût été lancé contre lui de décret. Molé représenta que l'arrestation de cet homme avait été commandée par les circonstances, et qu'on en attendait des révélations importantes. Aussitôt, un certain Daurat, conseiller, s'écria qu'il s'étonnait qu'un homme pour l'exclusion duquel il y avait eu soixante-deux voix osât ainsi violer les formes de la justice à la vue du soleil. A ces mots, Molé saisissant sa barbe (geste qui lui devenait familier lorsqu'il était vivement ému), se leva en déclarant qu'il laissait sa place à celui qu'on en croirait le plus digne. Son mouvement faillit être le signal du carnage. En un instant, les deux partis furent rangés autour de leurs chefs, et se menacèrent. « Si le moindre laquais, dit le Cardinal de Retz, eût alors tiré l'épée dans le palais, Paris était confondu. »

Le soir même, Daurat ayant été faire ses excuses au Premier Président, celui-ci le reçut avec douceur et lui dit qu'il ne se souvenait plus qu'il l'eût offensé.

Cependant, le Prince de Condé affectait toujours la même indépendance, et ses dédains semblaient annoncer qu'il se croyait plus fort que tous les partis. Il exerçait à la Cour, et sur la Reine, un despotisme qu'elle ne pouvait plus supporter. Le Coadjuteur lui ayant fait quelques avances, il le repoussa avec mépris. Bientôt sa perte fut conjurée, et la Reine et la Fronde s'entendirent pour s'en débarrasser entièrement. Sa sécurité était si grande, qu'il se livra lui-même aux pièges qu'on lui tendaient; et, le 18 janvier 1650, il se vit arrêter, par ordre de la Reine, avec le Prince de Conti et le Duc de Longueville. Aussitôt, la Princesse douairière de Condé implora la protection du Parlement et se hâta d'intéresser l'orgueil de la compagnie en lui adressant une humble requête, tandis que la Princesse, sa belle-fille, se rendait secrètement à Bordeaux, suivie de son jeune fils, et soulevait une partie de la Guyenne, aidée des partisans du Prince. Mathieu Molé avait pour Condé un attachement et un goût particulier : il en avait aussi reçu des marques d'estime. L'intérêt qu'il témoigna à la mère des Princes fut si marqué que, lorsqu'elle vint demander au Parlement de rester à Paris, malgré son exil, un conseiller s'écria « que le Premier Président n'avait qu'à la prendre chez lui. » Mais ce fut lorsque le Parlement en corps alla demander à la Reine la liberté des Princes que, s'abandonnant aux mouvemens de son cœur, Molé mit peut-être ses sentimens à la place des convenances dans le discours qu'il prononça.

« Sire, dit-il, nous ne doutons pas que V. M. ne connaisse l'état de la France. Elle sait ce que sont devenues tant de conquêtes, prix du sang et de la fortune de ses sujets. Elle sait combien de villes reprises, tant en Italie qu'en Catalogne, combien d'hostilités exercées au sein même de ses états. Elle a vu l'armée ennemie, perçant au cœur de son royaume, y forcer des places, et, aux yeux de l'armée française, répandre parmi ses peuples l'oppression et le malheur. Tels sont les fruits de cette politique infortunée à laquelle on doit attribuer encore nos divisions, nos

guerres civiles, le déchet de l'autorité royale, et les inquiétudes auxquelles VV. MM. ont été livrées sans qu'on puisse en prévoir la fin. Au
retour de son voyage de Normandie, de Guyenne et de Bourgogne, les
peuples, et cette compagnie elle-même, ne présentèrent à V. M. que
des visages satisfaits. Le respect, Sire, captive les esprits de la plupart
des hommes, et la soumission due à vos ordres ôta la liberté d'examiner
la cause de nos troubles et de prédire ce que l'on prévoyait. Votre Parlement, s'accuserait aujourd'hui de son silence, s'il n'avait espéré alors
que les auteurs de tant de conseils malheureux reculeraient d'eux-mêmes à la vue du désordre, et qu'à-la-fois l'autorité royale et les captifs
illustres rentreraient incessamment dans tous leurs droits. [Mais, en
voyant se prolonger ignominieusement, au milieu du royaume, cette
captivité des Princes de votre sang, dans un lieu où leur vie est en péril, oui, je le répète, où leur vie est en péril, votre Parlement, chargé de
veiller à ce que la République ne reçoive aucun dommage, a redouté le
jugement de la postérité, s'il refusait son intercession à ces princes in-
fortunés. Il a craint que les pierres qui les enferment n'élevassent la
voix, et que cette voix, entendue de toutes les provinces, n'excitât la
France entière à travailler à leur soulagement. Quoi ! Sire, tant d'actions illustres, tant de batailles gagnées, ne fléchiront-elles pas V. M. et
ne répondent-elles pas à tous les soupçons? S'il s'agissait d'un secret
d'état, nous attendrions dans le silence que le temps vînt nous apprendre ce qu'il ne serait plus dangereux de publier. Mais les lettres de cachet, adressées aux compagnies, en voulant accuser les prisonniers,
montrent assez leur innocence. Sire, les Princes de votre sang sont les
conseillers-nés de la Cour, les étais véritables de l'Etat, les membres
les plus précieux de la monarchie, et V. M., elle-même, ne peut frap-
per sur eux sans que le contre-coup ne retombe sur sa propre personne.»

Ce discours déplut à tous ceux qui l'entendirent. Le Duc d'Orléans fut
blessé de voir représenter le Prince de Condé comme le plus ferme appui de la régence; Mazarin fut outré de la manière dont, sans y être
nommé, il avait été peint. La Reine n'en fut pas moins choquée, et
Louis XIV, alors âgé de treize ans, dit à sa mère que, sans la crainte
de lui déplaire, il aurait chassé ou fait taire le Premier Président. Le
public seul applaudit à ce discours, bien plus qu'il ne l'avait jamais fait
aux plus belles actions de celui qui l'avait tenu.

Les princes n'obtinrent pas encore leur liberté, quoiqu'elle fût récla-
mée par tous les partis. Les chefs de la Fronde, et surtout le Coadjuteur, témoignaient pour eux un intérêt qui n'avait d'autre but que de se

concilier la faveur du peuple et de s'assurer du Parlement. Molé demandait seulement qu'on ménageât les formes et que l'on ne sortît point,
envers la Cour, des bornes de la soumission et du respect. Ce fut chez
lui que l'on minuta la requête en faveur des prisonniers. « Voilà, disait-
il, en la dressant lui-même, ce qui s'appelle servir les princes en gens
de bien, et non comme des factieux. » Il ne tarda pas à reconnaître
combien il s'était trompé, et il eut occasion de se rappeler avec tristesse
que le malheur des conditions élevées est d'avoir à se défendre des sentimens auxquels les autres hommes ne sauraient trop se confier. Son
amitié pour Condé l'avait aveuglé sur ces mêmes intrigues qu'il avait
jusque-là si bien pénétrées. La *Grande* et la *Petite Fronde* réunies s'emparèrent à son insu de l'esprit des magistrats, et les dérobèrent à son
influence. On jeta le masque; et, ne gardant plus aucune mesure, on
voulut exiger de la Reine de renvoyer Mazarin en même temps qu'elle
rendrait la liberté aux Princes. Anne d'Autriche, isolée dans sa cour,
crut qu'elle ne pouvait conserver son ministre, puisque Molé ne savait
plus la défendre. Elle fit sortir le Cardinal de Paris, et se disposa à le
suivre secrètement avec le Roi, son fils; mais Gondi, averti des préparatifs de sa fuite, vole au milieu de la nuit chez Gaston, tandis que mademoiselle de Chevreuse va sonner l'alarme chez tous les chefs du parti.
En un instant, une multitude armée environne le Palais royal, et y tient
la Reine et le Roi enfermés. Le Coadjuteur lui-même était inquiet de la
manière dont le Parlement prendrait un tel attentat. Déjà ses créatures
en assiégaient toutes les avenues, et avant le jour, il s'y rendit avec
La Mothe et Beaufort. Sept heures sonnaient; ils espéraient arriver les
premiers, lorsqu'en entrant dans la Grand'Chambre, ils aperçurent, à
la lueur de la lampe qui éclairait la vaste enceinte, le Premier Président sur son siège qui appelait les affaires ordinaires. « Il montrait, dit
le Coadjuteur, par son visage et par ses manières, qu'il avait de plus
grandes pensées dans l'esprit. La tristesse paraissait dans ses yeux,
mais cette sorte de tristesse qui touche et qui émeut, parce qu'elle n'a
rien de l'abattement. » Monsieur arriva à neuf heures, et dit à la compagnie que les lettres de cachet pour la liberté des princes seraient expédiées dans deux heures. Mathieu Molé, poussant un profond soupir,
s'écria : « Monsieur le Prince est en liberté, et le Roi, le Roi notre
maître, est prisonnier....! » La Fronde avait ce jour-là pour elle le
second personnage du royaume, et le Premier Président ne put rien
pour la Cour, les princes revinrent, tandis que Mazarin se retira chez
l'Electeur de Cologne. Condé triomphait plus puissant et plus exigeant

que jamais : il changea le ministère à son gré. Chavigny, sa créature dévouée, y entra, et la Reine crut obtenir beaucoup en remettant à Molé les sceaux qu'on l'obligeait d'ôter à Châteauneuf.

Le Duc d'Orléans n'avait point été consulté pour ces changemens, et tous les jours il voyait diminuer son crédit. Il jura pourtant qu'il ne laisserait pas les sceaux dans les mains d'un homme qui avait osé les recevoir sans son agrément, et il tint conseil avec les principaux chefs de la Fronde pour aviser aux moyens de les lui enlever. Le Coadjuteur voulait que ce fût à main armée, et Gaston, trop faible même pour la violence, ne put y consentir. Instruits de ce qui se passait, les nouveaux ministres, amis et collègues de Molé, l'abandonnèrent, et se rendirent chez la Reine pour lui demander de le sacrifier. Il en coûtait à Anne d'Autriche d'éloigner de son conseil et de sa personne le seul homme sur la vertu duquel elle pût compter. Elle prit la résolution généreuse de le consulter lui-même sur le parti qu'elle devait prendre. Molé, voyant son trouble, et connaissant mieux qu'elle la nécessité où elle se trouvait, ne la laissa pas achever ; et saisissant la clef des sceaux, qu'il portait suspendue à son cou, il la lui présenta. Touchée de son mouvement, la Reine lui offre le chapeau de cardinal, mais il le refuse. Elle veut lui donner une place de secrétaire d'état pour son fils : elle est encore refusée. «J'accorde, s'écria-t-elle, sur l'heure, à votre fils la sur-vivance de la charge de Premier Président. » Ici Mathieu Molé ré-pond gravement « que M. de Champlâtreux n'a point encore assez servi l'Etat pour mériter cet honneur. » Enfin, elle le prie d'accepter cent mille écus. Tout en lui exprimant sa profonde reconnaissance, il dé-clare respectueusement qu'il ne les recevra point. Le plaisir de refuser tant de grâces pouvait bien leur être préféré ; mais Mathieu Molé ne songeait pas plus au dédommagement qu'il n'avait cru faire de sacri-fices. On le vit se renfermer dans les fonctions de Premier Président, sans qu'il parût se souvenir d'en avoir jamais rempli d'autres. Peut-être avait-il l'orgueil de croire que la place la plus difficile était tou-jours celle qu'il méritait le mieux. Aujourd'hui, il la remplissait encore, car il allait avoir à combattre les entreprises de Condé, comme il avait eu à lutter contre les intrigues du Coadjuteur. Ce dernier, écrasé par l'ascendant du prince, s'était rapproché de la Régente et se bornait à la servir. Condé, au contraire, élevait si haut ses prétentions que ses ennemis l'accusaient de penser à la couronne. Cependant, le bruit s'é-tant répandu qu'on voulait l'arrêter une seconde fois, il se retira à Saint-Maur, en adressant une lettre au Parlement. Molé déclara qu'on ne pouvait la lire sans avoir pris les ordres de la Reine. « D'ailleurs il convient, dit-il, d'agir avec d'autant plus de circonspection que si la retraite et la lettre de M. le Prince devenaient le signal de la guerre civile...» A ces mots, le Prince de Conti s'écrie en menaçant le Premier Président, « qu'il a offensé son frère. — Nul, répond M. le Premier Président, n'a le droit de m'interrompre ni de me blâmer dans la place que j'occupe. » Conti réplique qu'il n'a pu entendre accuser son frère de vouloir renouveler la guerre civile. — Telles n'ont point été mes paroles (reprend Molé avec chaleur), et elles n'auraient pas encore donné à Votre Altesse le droit de m'interrompre... Au reste, il n'est que trop vrai que la retraite des princes du sang de la Cour, et les lettres écrites par eux au Parlement, ont souvent causé la guerre civile : témoin celles allumées par le père, l'aïeul et le bisaïeul de M. le Prince de Conti. » Conti intimidé, fit ses excuses à la compagnie, et le Premier Président reprit son premier discours, en se servant des mêmes termes et de la même hypothèse, avec un sang-froid et une présence d'esprit qui étonnèrent tous les témoins.

Le prince de Condé restait à Saint-Maur, et déclarait qu'il ne reviendrait pas à la Cour avant que la Reine eût renvoyé les sous-ministres Servien, Le Tellier et Lyonne. A la fin, elle s'y détermina, mais en annonçant qu'elle allait rappeler Châteauneuf, La Vieuville et Molé. Condé répondit qu'il ne consentirait jamais à de pareils choix, et que sans doute, aucun de ceux qu'ils concernaient n'oserait se passer de son consentement. Toutes les fois qu'il paraissait au Parlement, Molé le conjurait de se laisser toucher par les malheurs de l'État, et ne cessait de lui rappeler ses devoirs envers son Roi et sa patrie ; mais il demeurait inflexible. Un jour même, suivi de sa petite armée, il eut l'air de disputer le terrain au Roi qu'il rencontra au cours, Le Premier Président l'apercevant ensuite, lui dit, « que c'était avec peine qu'il le voyait venir prendre sa place avant de s'être présenté chez le Roi ; que ses ennemis l'accusaient de vouloir élever autel contre autel. » Condé piqué répartit « que le Premier Président avait son intérêt à tenir ce langage. — Je n'en ai aucun, répliqua Molé, et je veux bien le dire, quoique je ne doive rendre compte de mes actions qu'au Roi. » De là, peignant les malheurs de l'État, et la situation de la famille royale, il apostropha le prince. « Est-il possible, Monsieur, que vous n'ayez pas vous-même frémi d'une sainte horreur en faisant réflexion sur ce qui s'est passé au cours ? » Condé ému, répondit qu'il en avait été au désespoir ; mais il ne changea rien à sa conduite.

Les choses en étaient venues au point qu'une crise était inévitable ; les partis semblaient la désirer et la craindre également. La Reine était sans pouvoir, et même sans ministres ; Condé entre le triomphe et la prison ; Gondi au moment de perdre toute son influence, ou de dominer entièrement la Reine. Le Parlement, tout occupé de factions, avait cessé de rendre la justice. L'enceinte du palais n'offrait plus que l'aspect d'un camp. Chaque jour les deux partis s'y rendaient les armes à la main. Ils insultaient le Premier Président, l'appelaient *Mazarin*, et paraissaient prêts à l'égorger jusqu'à ce qu'ils fussent en sa présence ; lorsque la séance du 21 août 1651 vint décider la querelle en ajoutant encore à la gloire de Molé. La Reine devait envoyer ce jour-là sa réponse aux mémoires justificatifs du Prince. Au point du jour, le Coadjuteur s'était emparé, avec les siens, de toutes les avenues du palais. Condé arriva quelques instants après, accompagné de tout son parti. En passant devant le Coadjuteur, il le mesura des yeux ; Gondi répondit par des menaces. Au même instant, quatre mille épées se tirèrent et allaient se croiser sous les voûtes du palais, lorsque le Premier Président, se précipitant entre le Coadjuteur et Condé, les conjura au nom de Saint Louis, de ne pas ensanglanter le temple de la justice. A la vue de Molé suppliant, les combattans s'arrêtèrent, et Condé, le premier, donna ordre à ses gens d'évacuer le palais. Gondi imita son exemple, mais, comme il sortait du parquet, le Duc de La Rochefoucauld lui prit la tête entre les deux portes, et cria aux partisans du prince de le tuer. M. de Champlatreux, qui se trouvait parmi ces derniers, accourut au bruit et poussant rudement M. de La Rochefoucauld, il dégagea le Coadjuteur, en déclarant qu'un pareil assassinat ne se commettrait jamais en sa présence.

« En rentrant dans la Grand'Chambre (dit le Cardinal de Retz), j'annonçai à M. le Premier Président que je devais la vie à M. son fils qui avait fait dans cette circonstance tout ce que la générosité la plus haute peut produire. En effet, il était, en tout ce qui n'était pas contraire à la conduite et aux maximes de M. son père, attaché à M. le Prince jusqu'à la passion. Il était persuadé, quoique à tort, que j'avais eu part dans toutes les séditions vingt fois faites contre son père pendant le siège de Paris. Rien ne l'obligeait de prendre plus de part au péril où j'étais que Messieurs du Parlement, qui demeuraient si paisiblement en leurs places. Il s'intéressa dans ma conservation jusqu'au point de se compromettre avec son parti. Il y a peu d'actions plus belles, et j'en conserverai la mémoire avec tendresse jusqu'au tombeau. »

Cette séance du 21 août parut ouvrir les yeux de la Reine. Mais, passant de la timidité à la violence, elle voulut, dès le soir même, défendre au Prince de Condé et au Coadjuteur de paraître désormais au Parlement. Molé se rendit aussitôt auprès d'elle, et il lui fit sentir qu'elle ne pouvait confondre une des plus belles prérogatives qu'un prince du sang tînt de sa naissance avec une faveur que les Coadjuteurs de Paris tenaient du Parlement. Au reste, Madame (ajouta-t-il), mon devoir peut seul m'inspirer cette réflexion; car la manière dont M. le Coadjuteur a reçu le *petit* service que mon fils a *essayé* de lui rendre ce matin m'a touché si sensiblement qu'il m'en coûte beaucoup d'insister sur une chose qui pourra bien ne pas lui être agréable. » La Reine se rendit à la justesse de ces représentations. Le Premier Président courut chez Gondi, et lui raconta naïvement ce qui s'était passé chez la Reine et ce qu'il y avait dit. Gondi le remercia de l'avoir ainsi tiré avec honneur d'un très mauvais pas. « Il est sage (reprit Molé) de le penser et encore plus honnête de le dire. » En même temps, ils s'embrassèrent en se jurant amitié. « Je la tiendrai (s'écrie Gondi dans ses Mémoires); je la tiendrai à toute sa famille avec tendresse et reconnaissance. » Peu de jours après, le Roi alla déclarer sa majorité au Parlement, et Châteauneuf, La Vieuville et Molé furent rappelés au ministère. En apprenant que ce dernier rentrait au conseil, Condé déclara qu'il ne paraîtrait plus à la Cour, et il partit pour la Guyenne.

Quelques jours après que Molé eut reçu pour la seconde fois les sceaux, la Reine se retira avec le Roi à Bourges, et il resta à Paris, réunissant et exerçant à-la-fois les fonctions de Garde-des-Sceaux et de Premier Président. Sa position alors devint plus pénible qu'elle ne l'avait jamais été. Les chefs de parti le ménageaient et même le respectaient; mais le peuple reportait sur lui toutes ses fureurs. Sa porte était sans cesse assiégée d'une multitude irritée qui demandait le retour de la Cour, et la diminution des impôts. Un jour qu'il travaillait avec le Maréchal de Schomberg, on vint lui dire que le peuple allait enfoncer sa porte, et demandait sa tête. Le Maréchal lui proposa de faire dissiper l'attroupement par les Suisses qui l'accompagnaient : « Non, Monsieur le Maréchal, lui répondit-il en souriant, laissez-moi terminer seul cette affaire, car j'ai toujours pensé que la maison d'un Premier Président doit être ouverte à tout le monde. » En effet, dès qu'il parut, l'émotion s'apaisa et le peuple ne tarda pas à se retirer.

Mathieu Molé reçut, vers ce temps, l'ordre de se rendre à Bourges, pour y exercer ses fonctions auprès du Roi. Quoique né très fort, il com-

mençait à sentir le besoin du repos. Il s'éloigna sans peine de Paris, et
de ces scènes tumultueuses, auxquelles son âge le rendait moins propre;
mais la nouvelle de son départ répandit partout l'effroi. Ce fut le dernier
hommage de tous les partis à l'homme juste dont la seule présence les
avait préservés tant de fois de la colère du peuple. Le Duc d'Orléans le
conjura de rester. Le Maréchal de Lhospital, gouverneur de Paris,
Chavigny, le Coadjuteur, voulurent l'entretenir séparément. Talon le
vit le dernier. « Je remarquai (dit-il), pour la première fois, dans son
âme, un grand fonds de tristesse et de dégoût. » En effet, Mathieu
Molé savait que Talon ne l'aimait pas, et il s'épancha devant lui, ce
qui est le comble de l'amertume. « Depuis sept mois (dit-il), le peuple
ne cesse de demander ma mort; chaque soir on vient me dire que je
périrai le lendemain, et la Cour me traite moins comme un serviteur qui
lui est agréable que comme un homme qui lui est nécessaire. Une sim-
ple lettre de cachet m'ordonne de me rendre à Bourges, sans qu'aucun
avis du Secrétaire d'état s'y trouve joint, sans qu'on se mette en peine
de me faire connaître la situation présente. Au reste, je porterai à la
Cour le même esprit dont vous m'avez toujours vu animé dans la Grand'-
Chambre; je ferai tous mes efforts pour empêcher le retour du Cardinal;
je dirai la vérité : après quoi il faudra obéir au Roi. »

Mathieu Molé tint cette parole jusqu'à son dernier jour, car il mou-
rut Garde-des-Sceaux. Pendant les trois années qu'il vécut encore, sa
vie, pour être moins agitée, n'en fut pas moins utile. Il prit de l'autorité dans le conseil, et ne cessa d'y rendre des services importans.

La mort vint le surprendre au milieu de ses travaux, ou plutôt, elle
ne le surprit point. Mais il avait soixante-douze ans, et il travaillait
encore.

Né avec une imagination vive et un esprit contemplatif, il n'avait pas
même consulté son naturel dans le choix de ses vertus. Sa vie, toute dévouée au bien public, ne présente pas le moindre retour vers ses premiers penchans. Le magistrat avait remplacé l'homme, et ses facultés
s'étaient réglées sur ses devoirs. Au terme de sa carrière, on ne vit point
se réveiller en lui ces regrets si ordinaires aux vieillards. Il n'éprouva
pas le besoin d'aller goûter dans la retraite le souvenir de ses sacrifices.

Il ignora cette sorte de rêverie des derniers jours que produisent
les illusions détruites, et qui consolent de tout ce qui échappe par le
plaisir d'en être détrompé.

Exempt d'infirmités et de mélancolie, comme un ouvrier robuste vers
la fin de sa tâche, il s'endormit (3 janvier 1656).

Ici donc, ô grand homme! je termine ton éloge avec ta vie : il ne m'est permis de te louer qu'en racontant tes actions. Dès l'âge le plus tendre, je m'appliquai à te connaître, et je portai le poids de tes exemples! Aujourd'hui, je mets ma gloire à consacrer par cet écrit ma vénération pour tes vertus. Avec quel pieux empressement n'ai-je pas recueilli les moindres particularités de ton histoire! Peut-être, hélas! t'ai-je plus connu que celui de tes enfans auquel je dois le jour! Car, ne crains pas, ô mon père, que je t'oublie, lorsque ma faible main tente d'élever ce monument à l'honneur de notre nom. J'ai le droit de révéler l'excellence ignorée de ta vie. Tu fus juste parmi les justes, et le crime, en te prenant pour victime, s'est montré équitable envers toi! Si du séjour que tu habites, tes regards s'abaissent encore sur la terrre, puisses-tu les reposer sur un fils que tu trouves digne de toi! Puissent tes regards le soutenir dans sa carrière, et quand il en atteindra le terme, lui voir rendre avec honneur un nom que tu lui as transmis!.... (1)

Le Comte MOLÉ,
Pair de France, Président du Conseil des Ministres.

(1) Parce que la permission nous a été gracieusement accordée de reproduire cet écrit, il y aurait plus de gratitude que de discrétion de notre part, à nous prévaloir de cette faveur pour entreprendre l'éloge du noble auteur, en lui faisant application de plusieurs passages de cette Notice même.

Permettons-nous seulement une réflexion que l'objet de notre fondation nous inspire. Depuis sept ans, chaque fois que nous avons fait notre choix d'HOMMES UTILES qui aient donné de grands exemples et dont la mémoire soit justement honorée, nous avons aimé à retrouver dans leurs descendans cette belle hérédité du talent et du caractère qui avaient rendu leurs noms illustres. Dans une époque telle que la nôtre, après tant de révolutions, les hommes de cœur et de talens, héritiers de beaux noms historiques, sont en plus petit nombre et ne méritent pas moins de confiance que les hommes nouveaux de capacité la mieux éprouvée! Les MOLÉ, les BROGLIE, sont rares! On est heureux d'avoir à publier que, par un sentiment d'honneur national, les Français sont portés généralement à respecter ces illustrations héréditaires dont il reste déjà si peu de représentans dans l'histoire de notre pays !

La filiation des MOLÉ s'établit de la manière suivante, d'après la série des portraits de famille conservés au château de Champlatreux : I°. EDOUARD MOLÉ, Procureur-général pendant la Ligue et Président à Mortier; mort en 1614. — II°. MATHIEU MOLÉ, fils du précédent; m. 1656. — III°. JEAN-EDOUARD-MOLÉ, de Champlatreux, fils du précédent; Président à Mortier; m. 1682. — IV°. JEAN-BAPTISTE-MATHIEU MOLÉ, fils du précédent; Président à Mortier; m. 1711. — V°. MATHIEU-FRANÇOIS MOLÉ, fils du précédent; Premier Président du Parlement de Paris; mort en 1793. — VI°. EDOUARD-FRANÇOIS-MATHIEU MOLÉ, fils du précédent; Président à Mortier; mort sur l'échafaud révolutionnaire, en 1794. — VII°. Son fils LOUIS-MATHIEU MOLÉ, le Pair de France et Président du Conseil des Ministres, était alors dans sa quatorzième année : il fut élevé à la rude école du malheur et ne dut son instruction qu'à lui-même. La Notice que nous venons de reproduire sans additions ni changement, fut un des premiers essais de sa jeunesse.

A. JARRY DE MANCY,

Fondateur

De la Société Montyon et Franklin (Hommes utiles)

et du

Livre d'honneur des cent villes de France.

www.ingramcontent.com/pod-product-compliance
Lightning Source LLC
Chambersburg PA
CBHW050803070726
47595CB00015B/2402